# ALFRED BÉGIS

Avocat & Bibliophile

Historien de la Révolution

Archiviste-Trésorier de la Société d'Histoire Contemporaine

et Sécrétaire de la Société des Amis des Livres

## NOTES BIOGRAPHIQUES

par GASTON LÈBRE

Directeur de la Revue des Grands Procès contemporains
et de la Vie moderne

PARIS

—

1896.

Alfred BÉGIS

Alfred BÉGIS

# ALFRED BÉGIS

Avocat & Bibliophile

Historien de la Révolution

Archiviste-Trésorier de la Société d'Histoire Contemporaine

et Sécrétaire de la Société des Amis des Livres

## NOTES BIOGRAPHIQUES

par Gaston LÈBRE

Directeur de la Revue des Grands Procès contemporains
et de la Vie moderne

PARIS

—

1896

# Alfred Bégis

**Historien Documentaire**

DE LA RÉVOLUTION

Nous avons cru intéressant de vous faire
connaître le principal personnage du procès
relaté dans notre dernière Variété Judiciaire
de la Vie moderne, intitulée : « l'Enfer de la
Bibliothèque Nationale. »

Monsieur Bégis, certes, dans l'attaque passionnée et dans la défense habile, y apparaissait comme une figure originale et intéressante, bonne à préciser, en ses lignes typiques ; et il importait de savoir comment avait pu naître sa passion pour les livres.

Très jeune, M. Bégis s'intéressa aux études historiques ; sa curiosité studieuse ne se contentant point des on-dit, voulait, pour acquir une conviction, recueillir des preuves.

Sans doute des richesses documentaires encore inconnues chargent les rayons de nos bibliothèques nationales, gonflent les dossiers des archives. Mais le quotidien travail professionnel ne laissait à Monsieur Bégis que des loisirs rares, courts et irréguliers.

Ce fut pour les utiliser et pour satisfaire ses goûts, qu'il forma une bibliothèque relativement considérable et très variée.

Nous allons essayer de vous faire connaître son origine et ses travaux.

M. Alexis-Alfred Bégis est né le 7 janvier 1829 à Villegruis, aux environs de Provins ; il est issu d'une ancienne famille de propriétaires agriculteurs très répandue dans cette région. Son père a été maire de sa commune pendant plus de 40 ans. Au moment de la Révolution Pierre Bégis, son grand-père, exploitait une grande propriété située dans la commune de Villers-St-Georges, dans le district de Provins. Il y jouissait d'une grande considération, comme étant l'un des habitants les plus éclairés et les plus influents de la commune. Il avait fait tous ses efforts pour s'opposer au désordre et aux mesures de persécution en grande faveur à cette époque. Il résista souvent aux excès et aux violences des révolutionnaires enragés qui s'étaient emparé de l'administration de la municipalité. Dans ces conditions il devint bientôt l'une des victimes de la Terreur déjà mûres pour la guillotine. En effet menacé d'arrestation, il se trouva dans la nécessité de quitter son domicile pour se soustraire aux effets régénérateurs du rasoir national. En 1793, au mois de septembre, il partit de sa maison pendant la nuit, emmenant avec lui sa famille, ses domestiques fidèles, ses chevaux et tout ce qu'il avait de plus précieux ; marchant la nuit, se réfugiant dans les bois pendant le jour, et évitant de traverser les villages, ils parvinrent en Normandie où ils se réfugièrent dans le voisinage de parents installés dans cette contrée. L'absence de Pierre Bégis ayant été constatée par la municipalité aux agents du district de Provins, son nom fut inscrit sur la liste des émigrés du 11 octobre 1793 et il y figure à la page 74 du 3e supplément. Par suite de cette inscription, il s'est trouvé mis hors la loi et ses biens ont été confisqués.

Après la Révolution du 9 thermidor (27 juillet 1794) lorsque les esprits furent devenus

plus calmes, Pierre Bégis put regagner son domicile avec sa famille et rentrer dans ses biens.

M. Alfred Bégis commença ses études au
collège de Troyes et il les termina à Paris. Il
fit ensuite ses études de droit ; il fut reçu
licencié le 17 août 1850 et il prêta serment,
comme avocat devant la Cour Impériale de
Paris, le 11 novembre suivant. Il fit son stage
comme avocat depuis le 11 novembre 1850
jusqu'au 29 janvier 1856, en même temps que
M. Léon Cléry avocat, son adversaire dans le
procès. A cette époque, incertain encore sur
le choix définitif de sa carrière, il demanda
au Conseil de l'ordre des avocats à suspendre
son stage, afin de pouvoir faire celui exigé
pour être admis à exercer la profession d'avoué
près le tribunal civil et pour se fortifier dans
la pratique des affaires. Il se distingua par ses
travaux et par son mérite parmi les principaux
clercs d'avoués, il fut honoré à ce titre d'une

récompense qui lui fut délivrée par la Chambre des avoués du tribunal civil de la Seine le 26 août 1858.

Après avoir accompli un stage de 4 années comme principal clerc d'avoué, il fut nommé syndic de faillites près le tribunal de commerce de la Seine le 2 janvier 1862. Il exerça pendant 20 années cette profession laborieuse et il donna sa démission au mois de janvier 1882. Pendant tout ce temps M. Bégis avait mené une vie très active, allant des procédures arides et absorbantes aux études historiques qu'il ne quittait que pour se livrer aux délassements de la littérature, faisant ainsi une agréable diversion.

Il ne pouvait songer à faire de longues stations aux heures réglementaires, dans les bibliothèques publiques ni dans les salles de travail des ARCHIVES NATIONALES. On conçoit dès lors pour lui la nécessité qu'il a dû éprou-

ver d'avoir sous la main, à toutes minutes de
liberté, les documents qu'il devait consulter :
les livres, les autographes, les manuscrits, il
les désira comme des outils indispensables à
son travail.

Avec une ténacité admirable en nos jours de
veulerie systématique, pendant quarante ans,
Monsieur Bégis alla, furetant, s'informant, in-
quiet surtout et désireux des satires, des pam-
phlets disparus. Elles sont souvent, ces libres
pages, la plus symptomatique manifestation du
véritable esprit d'une époque. Livres précieux,
dont l'unique édition fut condamnée, raflée au
nom de la politique, de la religion, des mœurs;
livres rarissimes, dont nos bibliothèques ne
possèdent pas toujours un exemplaire et
qu'elles refusent toujours de communiquer,
lorsqu'il est sur leurs rayons ; livres difficiles
à découvrir chez le maniaque ou l'ignorant

qu'un hasard en fait détenteur et aux quels il est interdit de les communiquer.

Avec son intelligence d'historien, son flair de collectionneur, Monsieur Bégis excella dans ces délicates recherches, savoura la jouissance des trouvailles inespérées. Amateurs, marchands, le connurent bientôt ; il put espérer que pas une plaquette, pouvant lui être utile ou agréable, ne se vendrait ou s'acquerrait, sans qu'il en fut informé. Et il achetait, il achetait des œuvres satiriques de toutes les époques, imprimées ou manuscrites plus volontiers pourtant, celles ayant trait à la période révolutionnaire dont il se constituait patiemment l'archiviste et l'enquêteur.

Monsieur Bégis lisait, annotait, cherchait des renseignements sur les faits, les choses, des appréciations sur les hommes, et quand il avait tiré la substance de ses livres il les gardait, non plus seulement comme des documents, mais pour leur valeur artistique, ou comme raretés curieuses ou encore comme pièces de nature si spéciale qu'il s'était interdit de les revendre à des tiers. Ainsi rapprochés dans leur disparité, les livres de Monsieur Bégis formaient une collection sans prix pour l'étude des règnes de Louis XV, de Louis XVI, de la période révolutionnaire et du cycle napoléonien.

Monsieur Bégis, historien minutieux, n'est pas loin de coter au même prix les beaux livres à vignettes, chefs-d'œuvre charmants des artistes du XVIIIe siècle et les brochurettes dites infâmes, à cause de leurs titres, les brochurettes maculées, déchirées et même incomplètes, qui furent tant reprochées au collectionneur lors de son procès. Il voulait les connaître d'abord, afin de pouvoir les apprécier et les utiliser ensuite, s'il y avait intérêt.

M. Bégis, bibliophile, cède à sa passion pour

l'art ; tels de ses livres n'ont été achetés que
« pour le plaisir des yeux ». Ainsi, ces beaux
volumes, reliés aux armes de Marie-Antoinette,
de M^me de Pompadour, de M^me de Sartine, de
la duchesse de Berry, de la reine Marie-Amélie;
ainsi encore, les superbes spécimens reliés,
datant de l'époque révolutionnaire, — et ces
heures, orgueil de sa collection. [1]

Riche de tous ces livres, M. Bégis restait
insatisfait. C'est que les historiens de sa nature
sont les juges d'instruction du passé. Ils ne
décident que pièces en mains, placent au-des-

[1] HORE BEATE MARIE VIRGINIS, manuscrit gothique de la fin
du XV^e siècle sur velin composé de 204 feuillets dont 12 pour le calen-
drier placé en tête, et orné de 11 jolies grandes miniatures à pleine page, et de 38 petites avec bordures et de nombreuses lettres ornées,
or et couleur. Les miniatures dont les sujets sont empruntés aux
principales scènes du nouveau Testament sont aussi remarquables
par la finesse du dessin que par l'éclat du coloris.

In-4° de 130 millimètres de hauteur relié en maroquin Lavallière,
avec des coins et un fermoir en argent de style gothique orné de fleurs
de lys à l'extrémité des pointes.

Ces ornements en argent ont été fondus et ciselés, sur les indications
de M. Dupenchelle, orfèvre et directeur de l'Opéra, pour compléter
l'ameublement d'un oratoire gothique.

sus du texte imprimé, trop souvent revu,
corrigé, l'autographe révélateur : mémoires
inédits, lettres qui sont des confidences ou
des aveux.

De ces pièces, dont l'intérêt historique est
incompréhensible même aux profanes ;
M. Bégis possède un grand nombre ; il possède aussi des manuscrits, des interrogatoires
ou des témoignages qui constatent irréfuta-
blement les caractères des actes révolutionnaires ; un registre journal établissant ce que fut
la Bastille, le nombre de ses prisonniers, le
régime auquel ils étaient soumis, la composi-
tion et les attributions de son état-major.

Groupées avec une méthode rigoureusement
scientifique, quelques-unes de ces pièces dé-
mentent, avec la brutalité du fait, certaines
apologies ; d'autres rendront impossibles des
réhabilitations tentées — et l'on s'explique
pourquoi presque tous ces documents furent;

avec préméditation dissimulés jusqu'à nous.

Les révéler tous serait une longue et difficile
besogne ; M. Bégis y tâche pour partie. Un
aperçu trop bref sur quelques-uns de ses travaux le montrera dans son rôle d'explorateur
historique :

M. Bégis a publié, dans l'*Annuaire de la
Société des Amis des Livres* et dans diverses
revues, des articles, des notices et des documents intéressants et relatifs à ces divers
sujets.

La Bastille d'abord :

« Les extraits du registre d'écrou de la
Bastille », tenu par le major de Losme, de
1782 à 1789. (Nouvelle Revue du 1er décembre
1880).

Ce registre original très important, appar-
tient à M. Bégis. Il contient le récit officiel de
tout ce qui s'est passé d'intéressant à la
Bastille pendant cette période. Le contenu en

était transmis chaque jour au Lieutenant-
général de Police.

« Des lettres de Latude », prisonnier de la
Bastille. (Revue rétrospective du 1er août 1889).

«L'intérrogatoire subi par les quatre porte-
clefs de la Bastille » et constatant formellement
qu'il n'y avait que sept prisonniers à la Bastille
le 14 juillet ; que leurs chambres furent ou-
vertes par ordre des officiers de l'état-major du
château et qu'aucun deux n'y avait jamais été
enfermé dans un cachot. (Intermédiaire du 10
juillet 1892.)

« Les prisonniers de la Bastille au 14 juillet. »
Notice sur chacun d'eux et même sur ceux
présumés, qui n'y ont jamais été enfermés.
(Id. 10 avril 1889.)

« Lettres de Gudin », ami de Beaumarchais,
et d'un officier des gardes-françaises « sur la
prise de la Bastille ». (Revue rétrospective du
1er juillet 1889.)

« Jugement de La Harpe sur la chute de la Bastille ». (Id., id.)

Sur les principaux « Vainqueurs de la Bastille » : Elie, Lefebvre (duc de Dantzig) et Hulin (le comte). (Intermédiaire des 25 juin 1890 et 26 novembre 1891.)

M Bégis a publié sur les Massacres de Septembre 1792, dans les prisons de Paris.

« Le jugement et l'exécution de Bachmann » major des Suisses, condamné à mort le 2 septembre, pendant les massacres, et son testament reçu par Silly, notaire, en présence du Président du Tribunal révolutionnaire. (Intermédiaire du 20 août 1792.)

« Massacre de la Princesse de Lamballe », d'après la déposition inédite d'un tambour de la Garde Nationale (Annuaire de la Société des Amis des Livres de 1891.)

« Mademoiselle Cazotte », enfermée à la prison de l'Abbaye, sauve son père par ses supplications et son énergie. — (Intermédiaire du 25 février 1891.)

« Mademoiselle de Sombreuil obtient la liberté de son père, en buvant un verre de sang, d'après le témoignage *de auditu* de son fils et celui inédit d'un contemporain, M. Hochet, secrétaire général du Conseil d'État. (Id. du 25 avril 1889 et Annuaire de la Société des Amis des Livres de 1889).

« Déclaration de Sergent-Marceau », l'un des chefs du Comité de surveillance de la Commune de Paris et chargé de la police, constatant qu'une garde fut fournie par la Commune de Paris pour protéger les massacreurs, pendant leur épouvantable travail. (Intermédiaire du 20 avril 1892.) — M. Bégis possède l'original de cette déclaration écrite de la main de Sergent.

Sur certains Episodes de la Terreur :

« Persécutions des journalistes et des imprimeurs-libraires ; emprisonnement de Gautier Syonnest, rédacteur du **JOURNAL** de la **COUR** et de la **VILLE** ; condamnation à mort du chevalier de Champcenetz, l'ami de Rivarol, et de Girouard, imprimeur. (Le Livre du 10 juin 1884, Intermédiaire du 10 septembre 1892.)

« L'exécution de M^me de Sainte-Amaranthe », de sa fille, de son fils et de Sartine fils, son gendre, tous revêtus de chemises rouges. (Intermédiaire du 30 janvier 1893.)

« Léonard, coiffeur de la Reine », condamné à mort et soustrait au supplice de la guillotine, au moyen de la substitution d'un autre prisonnier non encore condamné. (Id. du 10 juillet 1890.)

« Poursuites criminelles » dirigées contre un citoyen accusé d'avoir voulu affamer le peuple en jetant une *salade* dans la rivière. (Id. du 10 décembre 1892.)

Notice sur un *cachet* portant l'image de la

« guillotine » et dont l'usage était prescrit par
Saint-Just, membre du comité du Salut Public
de la Convention Nationale, aux administrateurs
des subsistances militaires de l'Armée du Rhin.
(Id. du 25 août 1891.)

« Dissertation contre la guillotine », par
l'académicien Etienne, et documents inédits.
(Id. du 30 avril 1892.)

Notices et notes sur plusieurs « Personnages
de la Révolution » :

« Collot-d'Herbois » et ses procédés terro-
ristes. (Revue de la Révolution, du 5 août 1884).

« Billaud-Varenne » et sa tragédie intitulée
« Polycrate » sur la Révolution du 9 thermidor.
(Intermédiaire du 26 septembre 1891).

Notes sur *de Joly* et sur Cahier *de Gerville*,
derniers ministres de Louis XVI. (Intermédiaire
du 30 juin 1792).

Notice sur *Robespierre*, et ses fonctions de
juge au tribunal épiscopal d'Arras ; sur *Joseph*

*Lebon*, son mariage avec sa cousine, sa cruauté et son jugement. (Annuaire de la Société des Amis du Livre de 1889).

Saint - Just et son emprisonnement pour vol domestique, en exécution d'une lettre de cachet de Louis XVI. (Id. 1892.)

Sur quelques Artistes :

Notice sur Quenedey, graveur et inventeur du physionotrace pour l'exécution mécanique des portraits. (Intermédiaire du 20 juin 1892 et L'Imprimerie du 30 novembre 1892).

Notice sur « Martin de Grenoble », sculpteur. (Intermédiaire du 10 août 1892.)

M. Bégis vient de publier à la librairie de la « Nouvelle Revue », en un volume in-8º de 468 pages, les Mémoires inédits et la correspondance privée de Billaud-Varenne, accompagnés de notices biographiques très étendues sur ce personnage et sur Collot - d'Herbois, son ami et son compagnon de

déportation, en rappelant quelques-unes des
plus caractéristiques, parmi les mesures les
plus violentes qu'ils ont prises au nom du
Comité de Salut Public et de la Convention
Nationale.

Il en résulte un contraste saisissant entre la
conduite politique et publique de ces deux
hommes et les sentiments délicats et humains
qu'ils pratiquaient dans leurs familles.

Ce très beau et très complet ouvrage sur
Billaud-Varenne inspirait à M. Wallon, membre
de l'Institut, un article qui parut au mois de
mars dernier, dans le « Journal des savants »;
nous extrayons quelques lignes :

« M. Bégis bien connu par sa science des
livres et par l'usage qu'il sait faire des documents relatifs à l'histoire de la Révolution,
vient d'enrichir d'un nouveau volume ses cu-
riosités révolutionnaires. »

Il prépare la publication :

1° Du « Journal de la Bastille », du 15 mai 1782 au 14 juillet 1789, tenu par le major de Losme, massacré le 14 juillet 1789 ; accompagné de renseignements biographiques sur les officiers de l'État-major de la Bastille et sur les prisonniers détenus pendant cette période.

2° D'un Mémoire inédit de M. de Malesherbes sur les lettres de cachet, rédigé en 1789, accompagné de documents complémentaires.

3° D'une étude sur les massacres de septembre 1792, leur origine, leur but, leur organisation et leur exécution, avec le concours de la Commune de Paris et de Danton, chef du pouvoir exécutif.

M. Bégis est un de ces rares hommes indépendants, dont la science est probe, indemne de tout esprit de parti, passionnée pour la pure vérité. Ces hommes, tout historien peut et doit les considérer comme d'indispensables collaborateurs.

Les dogmes connus, acceptés, de la science
expérimentale ont développé l'intelligence
moyenne du public et l'ont rendu plus exigeant.
Il ne se contente plus de l'histoire racontée par
des imaginatifs, des emballés ; il dédaigne les
assertions que ne confirment point des textes
authentiques. Que faire ?

Si l'on sait quel ordre, quelle lucidité, quelle
mémoire sont nécessaires au chercheur, on
comprendra que les mieux doués doutent d'eux,
reculent.

Car la méthode, la science déjà acquise, cela
ne suffit pas ; il faut encore le zèle, la vocation
et la longue patience qui fait les fureteurs
inlassables.

M. Bégis compte parmi ces pionnier indé-
courageables qui, tout en préparant les voies,
rendent possibles l'édification des monuments
définitifs.

De très distingués historiens ont reconnu

avec loyauté cette collaboration précieuse de
M. Bégis.

M. Frantz Funck-Brentano, dans la préface
du catalogue des Archives de la Bastille, publié
en 1792, déclare qu'il a reçu des renseignements précieux de M. Bégis, « qui se distingue
« entre toutes les personnes qui lui ont fourni
« leur concours, par sa compétence approfon-
« die de l'histoire de la Bastille, de ses prison-
« niers, des lettres de cachets et des Lieute-
« nants de Police, plus particulièrement sous
« le règne de Louis XVI. »

M. Victor Fournel, dans son livre intitulé :
Les hommes du 14 juillet, publié en 1890,
après avoir rappelé les démonstrations historiques faites par M. Bégis, en parle comme « de
l'homme du monde qui sait le mieux sa Bastille »

M. Bégis est archiviste-trésorier de la Société
d'Histoire contemporaine et secrétaire, depuis
1882, de la Société des Amis des Livres, fondée

en 1880, ayant eu S. A. R. le duc d'Aumale
pour Président d'honneur, devenue déjà célè-
bre par ses belles publications, si recherchées
des bibliophiles.

Ces titres de M. Bégis établissent sa physionomie officielle, confirment son caractère de
chercheur et l'estime dont il jouit. Il nous sera
plus difficile de restituer la physionomie dis-
tinctive de l'homme :

Prononcez devant lui un nom obscur, oublié
depuis cent ans, il vous dira : Un tel !...
attendez donc, je le connais, il était banquier,
né à Strasbourg ?... il a fait faillite... c'est bien
de vôtre ? Si vous y tenez, en ving-quatre heures,
M. Bégis vous reconstituera la généalogie de
votre bonhomme, vous dira sa fortune, ses
malheurs, ses torts, ses enfants, lui prêtera une
survie ; avec le sourire des discrétions railleu-
ses, vous chuchottera les avantures conjugales
de votre évoqué. Il trouve des accents inou-

bliables pour dire, comme parlant d'hier :
Tenez, voici la copie de l'acte de divorce de
cette pauvre dame...

Ici M. Bégis n'est plus un savant, un historien. Il est mieux, il est plus. A coup d'érudi-
tion, il fait oublier sa science et l'on croit, en
l'écoutant, entendre un témoin, un contemporain.